BEI GRIN MACHT SICH IHR
WISSEN BEZAHLT

- Wir veröffentlichen Ihre Hausarbeit,
  Bachelor- und Masterarbeit

- Ihr eigenes eBook und Buch -
  weltweit in allen wichtigen Shops

- Verdienen Sie an jedem Verkauf

Jetzt bei www.GRIN.com hochladen
und kostenlos publizieren

Bibliografische Information der Deutschen Nationalbibliothek:

Die Deutsche Bibliothek verzeichnet diese Publikation in der Deutschen National-
bibliografie; detaillierte bibliografische Daten sind im Internet über http://dnb.d-
nb.de/ abrufbar.

Impressum:
Copyright © 1967 GRIN Verlag
Druck und Bindung: Books on Demand GmbH, Norderstedt Germany
ISBN: 9783346000583

Dieses Buch bei GRIN:

https://www.grin.com/document/494135

Hartmut Birett

Kybernetische Betrachtung von Lerntheorien

GRIN Verlag

Lerntheorien
(Referat im Studienseminar, Frankfurt, 1966/67.
Es sollte bei der Darstellung von der Biologie und Kybernetik ausgegangen werden.)

[*# Ergänzungen auf Grund von Nachfragen beim oder direkt nach dem Referat.*]
[(*) *vgl. Nachtrag*]

Überblick:

A) Vorbemerkung
B) Definition des Lernens
C) Die verschiedenen Abschnitte des Lernprozesses
   1) Das Spektrum der Reizdaten
   2) Die S-S-Integration
   3) Die R-S-Kontiguität
   4) Die Analysatoren
D) Verschiedene Lerntheorien
E) Für die Schule wichtige Ergebnisse
F) Gesichtspunkte für die Stundenplanung
G) Literatur

A) Vorbemerkung

Die Themenstellung gibt zu erkennen, daß mehrere Theorien zum Lernprozeß nebeneinander existieren.
Jedoch kann man zwischen ihnen nicht entscheiden, da sie sich - nach heutiger Sicht - mit verschiedenen Aspekten des Lernvorganges befassen. Es läßt sich lediglich feststellen, welche ihrer Teilbereiche nach neueren Untersuchungen noch Gültigkeit haben und wie die Grundideen zu ergänzen sind.
Natürlich gab es Bemühungen, alle Beobachtungen so zu deuten, daß sie in die einzelnen Theorien hinein passen. Diese Bemühungen kann man mit der Feststellung von K. FOPPA (1965) charakterisieren: "Die Lerntheorien münden in mehr oder weniger attraktiven Sackgassen."
In diesem Überblick wird weniger eine historische Schilderung der einzelnen Lerntheorien samt ihrer Irrwege gegeben, als versucht, mit Hilfe der verschiedenen (heute richtig erscheinenden) Gedanken der wichtigsten Theorien ein "Lernendes System" zusammenzustellen.
Unter einem solchen System will ich etwas Formales verstehen, das genau wie ein Mensch lernt, ohne mich für die materiellen Einheiten, die ihm zugrunde liegen, zu interessieren.

[*# Zu neuronalen Grundlagen z. B. HEEB, 1959 und SUTHERLAND, 1964.*]

Wenn dies zunächst auch etwas umständlich erscheint, so ergibt sich mit dieser - in der Kybernetik üblichen - Methode jedoch eine sehr einfache Darstellungsweise und man erspart sich sonst unvermeidliche Wiederholungen. Erst wenn ich die Eigenheiten dieses Systems geschildert habe, werde ich angeben, welche Lerntheorien den einzelnen Abschnitten entsprechen.

1

B) Definition des Lernens.

Zunächst muß man verabreden, was man unter "Lernen" verstehen will, da es unterschiedliche Definitionen gibt. Dazu betrachte ich das System innerhalb seiner Umwelt.

Alle Einwirkungen der Umwelt auf das System werden (aus historischen Gründen) als Reize (=stimulus = S) bezeichnet, alle Einwirkungen des Systems auf die Umwelt als Reaktionen (= response = R).
Da es sich bei unserem System um ein formales Gebilde handelt, stellen diese Einwirkungen Informationen dar, die zwischen der Umwelt (einschließlich dem Organismus und den Elementen, die man als Bewußtsein, Denken etc. bezeichnet) und dem System ausgetauscht werden. Eine Unterscheidung in Reize, die aus der Umwelt und solchen, die innerhalb des Organismus selbst entstehen, wird also nicht getroffen.
Bei Beobachtung des Systems stellt man eine Reihe Reiz-Reaktions-Beziehungen (S-R-Beziehungen) fest, d.h. immer, wenn ein bestimmter Reiz eintrifft, antwortet das System mit einer spezifischen Reaktion.

Tritt eine Veränderung solcher S-R-Beziehungen auf, so bezeichnet man dies als Verhaltensänderung des Systems.
Solche Verhaltensänderungen können verschiedene Ursachen haben:
- Sie sind genetisch festgelegt (Reifung).
- Sie treten auf Grund irgendwelcher Wechselbeziehungen zwischen System und Umwelt auf.
- Die Ursachen sind nicht feststellbar, so daß man von spontanen Änderungen spricht.

Den zweiten Fall, der häufig einer Anpassung des Organismus an seine Umwelt dient, bezeichnet man als Lernen.
Unter Lernen verstehe ich also eine Veränderung des Verhaltens (der S-R-Beziehungen) auf Grund der Wechselwirkungen zwischen System und Umwelt.

C) Die verschiedenen Abschnitte des Lernprozesses.

1.) Das Spektrum der Reizdaten.

Bisher wurde also festgestellt, daß ein lernendes System
a) Informationen aufnehmen kann,
b) daß es Informationen abgeben kann,
c) daß feststehende Beziehungen zwischen aufgenommenen und abgegebenen Informationen bestehen können,
d) und daß Änderungen in diesen Beziehungen auftreten, wobei hier nur der Lernvorgang von Interesse ist.

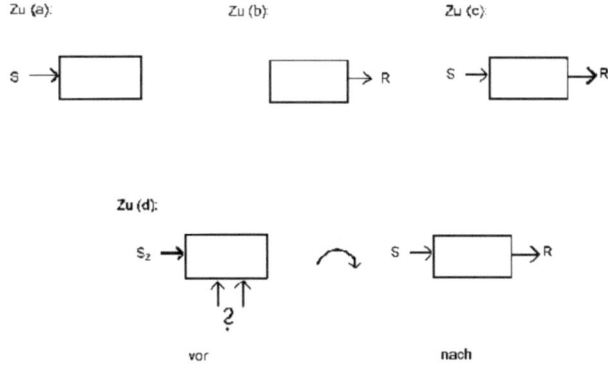

Abb. 1

Wenn auch von diesen vier Arten der Informationsverarbeitung nur der letzte Fall besprochen werden soll, so ist es doch unerläßlich, sich kurz zu überlegen, wie der formale Prozeß der Reizaufnahme vor sich geht. Man hat geschätzt, daß auf die Sinnesorgane des Menschen pro Sekunde einige 10^9 Entscheidungen aus der Umwelt einstürmen. Dazu kommen noch die - zahlenmäßig noch nicht festgelegten - Entscheidungen der Rezeptoren innerhalb des Organismus. Davon werden aber nur einige Hundert bewußt verarbeitet. Es muß also eine Auswahl in der Größenordnung von 1 : 10 000 000 stattfinden.

Das Lernende System ist natürlich nicht mit dem "Bewußtsein" identisch, aber ganz gewiß stehen beide irgendwie miteinander in Verbindung.

Da für das Bewußtsein ein "Auswahlmechanismus" existiert, ist es naheliegend, sich für das Lernende System einen ähnlichen Mechanismus vorzustellen, wobei man keine Vorstellung über das Selektions-Verhältnis hat. Man nimmt lediglich an, daß von der gesamten Population der Reizkomponenten (die zusammen den Reiz darstellen) vom System nur ein Teil ausgewählt wird. Diese Selektion soll zufällig erfolgen,

[#*das wird so angenommen*]

so daß bei jedem Auftreten des Reizes aus seinem Spektrum andere Daten herausgegriffen werden. Trotzdem wird der Gesamtreiz identifiziert, da ja sonst keine S-R-Beziehungen existieren könnten. Dazu ist eine Speicherung des gesamten Spektrums notwendig.

[# *Als Mechanismus nimmt man eine sogenannte Lernmatrix mit Extremwertbildung an.*]

Das Gedächtnis, das diese Speicherung vornimmt, setzt sich (formal betrachtet) aus verschiedenen, vermutlich hintereinander geschalteten Abschnitten zusammen. Der am Eingang liegende Abschnitt kann eingetroffenen Informationen nur kurze Zeit speichern, gibt aber einen Teil davon an den nachfolgenden Abschnitt weiter, der eine höhere Speicherzeit und größere Speicherkapazität besitzt. Dieser gibt seinerseits einen Teil der erhaltenen Informationen weiter - und so fort. Als

Speicherzeiten hat man für sinnlose Silben beim Menschen bisher die folgenden Werte ermittelt:

t_1 = 10 Sek.; t_2 = 5 Min.; t_3 = 30 Min.; t_4 = 4 Std.; t_5 = 11 Wochen.

Für höhere Speicher liegen noch keine Werte vor.

[# *Die Werte wurden von anderen Autoren wohl noch nicht bestätigt, es sind nur Richtwerte. Auch fand ich nicht, ob die zitierten Zeiten nur für sinnlose Silben oder allgemein gelten.*]

Treten gleichzeitig Reize auf, die bestehenden S-R-Beziehungen angehören, so werden aus den zufällig ausgewählten Daten wiederum durch Optimierung die einzelnen Reize bestimmt und entsprechende Reaktionen ausgelöst.

2) Die S-S-Integration.

Nach dem bisher Gesagten ergibt sich fast von selbst die erste Möglichkeit für einen Abschnitt des Lernvorganges. Wir hatten gesehen, daß aus dem Spektrum S_1 nur einige Daten S_i weiterleitet (Selektion) werden, die dann die Reaktion R_1 auslösen. Das System erkennt mit Hilfe des Gedächtnisses an Hand der Daten S_i den Reiz S_1 (Vergleich).

Dies ist auch der Fall, wenn gleichzeitig andere Daten vorliegen.

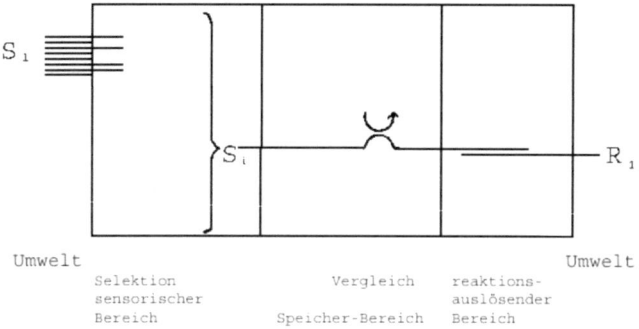

Abb. 2

Die Daten, die von gleichzeitig mit S_1 auftretenden Reizen S_2 und/oder S_3 stammen, werden gespeichert und z. T. in höhere Speicherabschnitte weitergegeben.

Treten jedesmal neben S_1 andere S_n auf, so werden diese Daten (wegen der zufälligen Weitergabe zwischen den Speichern und deren begrenzten Speicherzeiten) allmählich verloren gehen.

4

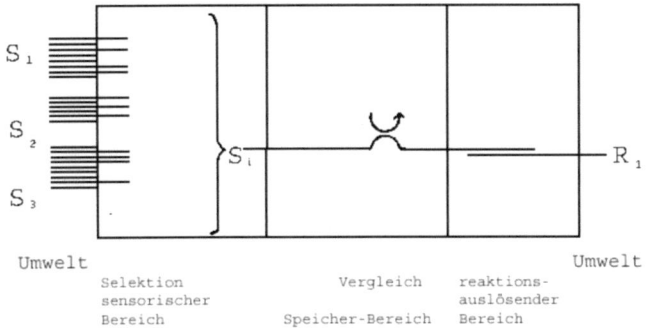

Umwelt   Umwelt

Selektion   Vergleich   reaktions-
sensorischer   auslösender
Bereich   Speicher-Bereich   Bereich

Abb. 3

Erscheint aber neben S_1 häufig S_2, so werden die Daten S_2 sich in den Speichern ansammeln und - so kann man annehmen - dem gespeicherten Spektrum von S_1 hinzugefügt. Schließlich genügen allein Daten von S_2, um als zum Spektrum S_1 (eigentlich $S_1 + S_2$) gehörend erkannt zu werden, so daß die Reaktion R_1 ausgelöst wird.

Der Reiz S_2 ist nun kein indifferenter [=*neutraler*] Reiz mehr, sondern es wurde eine neue Verbindung S_2-R_1 hergestellt.

In diesem Abschnitt des Lernvorganges werden bei gleichzeitigem, wiederholtem Auftreten von zwei Reizen S_1 und S_2, durch die zufällige Auswahl der Daten, das gespeicherte Spektrum des Reizes S_1 erweitert.

Gleichzeitig müssen die Reize S_1 und S_2 auftreten, damit eine Assoziation zu gerade diesem Reiz S_1 erfolgt und wiederholt, weil die Speicher nur eine begrenzte Speicherzeit aufweisen.

Die biologische Bedeutung einer derartigen Reizintegration liegt einmal darin, daß sich in einer veränderlichen Umwelt die Zusammensetzung der Komponenten eines Reizes ebenfalls ändern kann und außerdem die Identifizierung erleichtert wird.

[*# In der Lernmatrix im sensorischen Bereich wurden neue Verknüpfungen gebildet.*]

3) Die R-S-Kontiguität.

Bei der Verknüpfung verschiedener Reizdaten können schon vorhandene S-R-Beziehungen erweitert werden, auch dann, wenn die Kondition S_2-R_1 für das System von Nachteil ist. Es ist daher fast zu erwarten, daß der Erfolg der Reaktionen überprüft wird. Das wäre am einfachsten durch Vergleich der gesamten Reizsituation vor

(Summe aller S_i zur Zeit t_1) und (Summe aller S_i zur Zeit t1 + Δt) nach den jeweiligen Reaktionen (Summe aller R zur Zeit t_1) zu erreichen.

Derartige Regelvorgänge (feedback = F) treten tatsächlich auf.

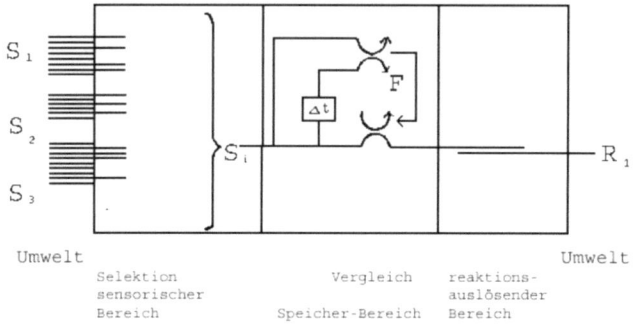

Umwelt

Selektion
sensorischer
Bereich

Vergleich

Speicher-Bereich

reaktions-
auslösender
Bereich

Umwelt

Abb. 4

Das System antwortet dann nicht nur mit den bestehenden R_2, die S_2 entsprechen, sondern es ergibt sich gleichzeitig, je nach dem Ergebnis des Vergleiches der beiden Reizsituationen eine entsprechende Beeinflussung (F) der Datenspeicherung und damit der S-R-Verknüpfungen.

Mit seiner Hilfe können der Vergleichs-Bewertungen gespeichert werden, wenn - siehe oben - die entsprechenden Situationen sich häufig wiederholen:
(1) Die vorgenommene Reaktion verbessert die Reizsituation,
(2) sie bringt keine Verbesserung der Reizsituation,
(3) sie verschlechtert die Reizsituation.

[*# Die Erfolgskontrolle kann auch in einer Messung der Änderung der Antriebsstärke oder der Motivation bestehen.*]

Zu diesem Abschnitt des Lernvorganges, bei dem der Erfolg der Reaktion mit dem zuvor aufgenommenen Reiz in Beziehung gebracht wird, gehört auch die Reaktionsausbildung auf unbekannte Reize hin. Für das System bedeutet das, daß keine eindeutige Optimierung mit den gespeicherten Reizspektren möglich ist, da die aufgenommen Daten zu keinem bereits bekannten Spektrum passen.

Für das System ergeben sich folgende Verhaltensmöglichkeiten:

(a) Es treten spontan (also ohne erkennbaren Zusammenhang zum Reiz) irgendwelche Reaktionen [*also Aktionen*] auf, deren Erfolg überprüft wird. Fällt die Prüfung nicht positiv aus, wird eine neue Reaktion ausgeführt.
(b) Wegen der zufälligen Selektion der Reizdaten ergeben sich zufällig geringfügige Übereinstimmungen mit gespeicherten Spektren, worauf dann die entsprechenden Reaktionen erfolgen. (Sie sind wohlgemerkt nicht für die Situation typisch.) Auch hier wird wieder der Erfolg überprüft.
(c) Trotz Variation treten innerhalb gewissen Zeitabschnitte einzelne Reize in ähnlicher Kombination auf.

Auf Grund von Lernvorgänge der bisher beschriebenen Art kann das System schon eine gewisse "Vorstellung" (ein Modell) der Umwelt - oder genauer gesagt, einen Katalog der Einwirkungen der Umwelt - gespeichert haben. Es wird daher nicht (oder nicht nur), wie bisher angenommen, mit einzelnen Spektren verglichen, sondern auf deren Kombinationen optimiert. Dadurch werden größere Invarianzleistungen erzielt, d.h. das System kann generalisieren.

Steht dem System aber ein derartiges Modell der Umwelt zur Verfügung, so kann es auf Grund gesammelter Erfahrungen - dem bisher Gelernten - u. U. auch entscheiden, wie sich die beschlossene Reaktion auswirken wird. Die zuvor beschriebenen außerhalb des Systems ablaufenden Versuche mit den anschließenden Kontrollen und Rückwirkungen auf die Speicherung und damit auf die S-R-Verbindungen erfolgen hiernach innerhalb des Systems. Dies kann nur dann erfolgreich stattfinden, wenn die Situation überschaubar ist, das System nicht überfordert wird.

Zweifellos ist dies ein ungeheuer großen Vorteil für das System: es "erspart" sich die Folgen unzweckmäßiger und schädlicher Reaktionen, die beim reinen Probieren auftreten würden.

In diesem Abschnitt des Lernvorganges entstehen neue S-R-Verbindungen, indem ausgeführte Reaktionen nachträglich auf Grund ihres Erfolges mit der zuvor bestehenden Reizsituation verknüpft werden. Wie es zu einer entsprechenden Reaktion kam, ist dabei unwesentlich. Unerläßlich für die Festigung der Verbindung ist wieder die Wiederholung.

[# Auf Grund der Erfolgskontrolle können sowohl in der Lernmatrix im sensorischen Bereich (= Memoria), als auch in der Lernmatrix im motorischen Bereich (= Mneme) neue Verknüpfungen gebildet werden.]

4) Die Analysatoren.

Bei der Untersuchung der Wahrnehmung optischer und akustischer Reize fand man nervöse Instanzen, die nur auf ganz spezifische Reizkonfigurationen ansprechen. (Für die übrigen Sinnesbereiche bestehen wohl ähnliche Einheiten.)

Diese Filter oder Analysatoren stehen sicherlich mit den Selektions-Einheiten in Verbindung, eventuell sind sie sogar mit ihnen identisch. Es ließ sich zeigen, daß sie mit verschieden vielen reaktionsauslösenden Einheiten in unterschiedlich starker Verbindung stehen können. Außerdem ergeben sich folgende Charakteristika:

Die einzelnen Analysatoren sind verschieden stark eingeschaltet, wobei sich ähnliche hemmen.

Es ist also nur einer von ihnen in voller Stärke wirksam.

Die Einschaltstärke nimmt nur dann zu, wenn immer nur auf einem seiner Verbindungen zum Ausgang des Systems die Vergleiche der Reizsituationen vor und nach den Reaktionen positiv ausfallen.

Das Maximum der Einschaltstärke wird nicht so schnell erreicht, wie die maximale Verknüpfung der Lernsituation.

Eine Veränderung der Verbindungen zwischen Analysatoren und den reizauslösenden Instanzen kann nur dann erfolgen, wenn der Analysator eingeschaltet ist.

Damit die bisher geschilderten Lernvorgänge überhaupt beginnen können, müssen demnach die situationsmäßig richtigen Analysatoren eingeschaltet sein. Dabei sei daran erinnert, daß auch durch die Wechselbeziehung zwischen dem Lernenden System einschließlich des Gedächtnisses und dem "Bewußtsein" (sozusagen durch interne Reize) die Analysatoren ein- oder ausgeschaltet werden können. (Da i. A. solche Situationen ins Bewußtsein treten, die von der Norm abweichen, kann man annehmen, daß derartige Analysatoren auch dafür verantwortlich sind.)

Die Existenz dieser Einheiten macht eine Reihe von "Fehlleistungen" (= von der Norm abweichenden Leistungen im positiver oder negativer Richtung) des Lernenden Systems verständlich. Darauf und auf ihre Bedeutung im Lernprozeß komme ich in den Anwendungen zurück, um Wiederholungen zu sparen.

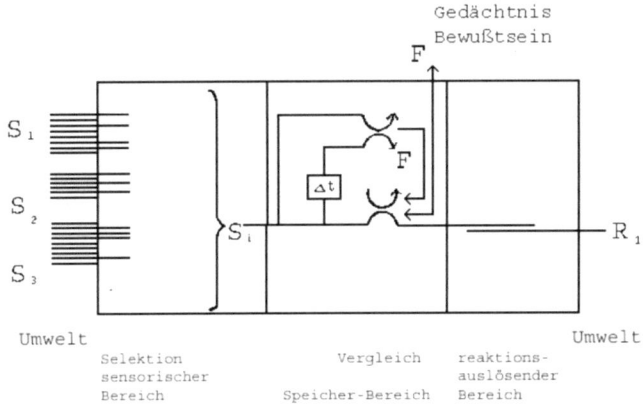

Abb. 5
(In den Blockdiagrammen werden nach den Selektionseinheiten alle Daten zu S zusammengefaßt, um in den folgenden Instanzen das Bild übersichtlicher zu halten.)

[# *Die Analysatoren gehören wohl im Wesentlichen zum sensorischen Bereich, sie beeinflussen aber auch das Lernen im motorischen Bereich.*]

D) Die verschiedenen Lerntheorien.

Zunächst möchte ich die hier benutzten 3 Vorstellungen, die nicht aus Lerntheorien stammen, angeben.

1) Der Nachweis der Informations-Selektion in Bezug auf das Bewußtsein stammt aus physiologischen Untersuchungen zur Informationstheorie von KEIDEL (1965).
2) Untersuchungen, die zur Vorstellung der Wirkungsweise der Analysatoren führten, wurden z.b. von MAC KAY (1957) und SUTHERLAND (1964) ausgeführt.
3) Die Existenz der einzelnen Speicherabschnitte des Gedächtnisses wurde von RIEDEL (1967) aufgezeigt, nachdem schon prinzipiell eine Unterscheidung in Kurzzeit- und Langzeit-Gedächtnis bekannt war. Zum Vergleichs-Vorgang ist nerven-physiologisch noch nichts bekannt, zum Speichervorgang noch nichts Gesichertes.

[# *Der "eßbare Gedächtnisstoff" bei Strudelwürmern nach McConnell speichert nicht eine Information - also z.B. "vom Licht abwenden" - , sondern ist vielleicht eine hormon-ähnliche Substanz, die eine spezielle Nervenverknüpfung hervorruft oder ihre Bildung erleichtert. (*)*]

Von den eigentlichen Lerntheorien sei zuerst

4) die statistische Lerntheorie (ESTES, 1959) erwähnt. Sie nimmt eine zufällige Stichprobe aus der Population der Reize auf den Organismus an. Das entspricht den Selektionseinheiten unseres Systems.
Die S-R-Verknüpfungen hängen nur von der Kontiguität der Reize ab. Für entsprechende Lernsituationen gibt sie mathematische Formeln an, die sich auch verifizieren lassen.
Alle übrigen Probleme des Lernvorganges werden nicht berücksichtigt.

[# Das Lernen betrifft hier den sensorischen Bereich.
Auch das "latente Lernen" gehört hier hin.
Extrem kurze Botschaften - z.b. ein einziges eingeblendetes Filmbild mit dem Text "Drink Coke" - sollen einen unbewußten Lerneffekt haben. Dazu ist mir nichts weiter bekannt. (*)
Zur "Prägung" und "sensiblen Phasen" habe ich für das Schulalter nichts gefunden.]

5) Für den Sonderfall, daß die bestehenden S-R-Beziehungen Reflexe (unbedingte Reaktionen) darstellen, hat PAWLOW (um 1900) die Theorie der Ausbildung des "Bedingten Reflexes" entwickelt.
In dieser Theorie wird auch die Existenz von Analysatoren gefordert, die allerdings immer gleich stark eingeschaltet sind.

[# Das Lernen betrifft hier den sensorischen Bereich.
Diese Theorie wird heute auch als "Klassische Konditionierung" bezeichnet.
Unbedingt bedeutet hier: von der Erfahrung nicht bedingt, von ihr nicht hervorgerufen, sondern angeboren.
Aus einem "neutralen Reiz" S ist - in Bezug auf R - ein "bedingender Reiz" geworden, aus der Reaktion R ist - in Bezug auf S - eine bedingte Reaktion geworden.]

Für Lernvorgänge beim Menschen gelten [nach PAWLOW] die gleichen Regeln, nur daß es sich dann um "Reize höherer Ordnung" handelt.
Alle übrigen Probleme bleiben offen.
Von besonderer Bedeutung ist bei dieser Theorie die Vorstellung der Konditionierung, auch wenn sie heute nicht für die gesamten Reizpakete gilt, sondern für einzelne Daten. (Auch wird dieses Prinzip in "Lernenden Automaten" verwendet.)

[# „Reize höherer Ordnung" bedeutet:
Entweder: Ein neutraler Reiz S_1 wurde mit dem unbedingten Reiz S verknüpft. Anschließend kann ein neutraler Reiz S_2 mit S_1 verknüpft werden. S_2 ist dann zu einem Reiz höherer Ordnung geworden.
Oder: Die Reize höherer Ordnung sind die gesamte Reizsituation, die viele einzelne Reize umfaßt.
 # Es lag eine spezielle Lernsituation vor, denn die Hunde konnten während der Laborversuche von PAWLOW nicht frei herumlaufen.
Der Sputnik-Hund Laika (1957) wurden mit Bezug auf PAWLOW trainiert.]

6) GUTHRIE (1956) erweiterte diese Theorie, indem er feststellte, daß für die Aufrechterhaltung neuer S-R-Verknüpfungen Wiederholungen nötig sind. Dabei muß ein räumliches und zeitliches Zusammentreffen des neuen Reizes mit dem Vollzug

der bestehenden S-R-Verbindung erfolgen. Bei unterlassener Übung oder nicht wiederholter Assoziation kommt es zur Löschung, zum Verlernen.
Diese Bedingungen werden in unserem System von den Speicherabschnitten erfüllt.
[# *Das Lernen betrifft hier den sensorischen Bereich.*]

7) Die biologisch notwendige Überprüfung der Reaktionen ist ein wesentlicher Gedanke der Theorie des "Versuchs und Irrtums" [*intrumentelle oder operante Konditionierung*] von THORNDIKE (1932).
Als notwendige Voraussetzung für das Lernen wird die Existenz spontaner Reaktionen gefordert.
Die Bedeutung der Wiederholungen wird im Frequenzgesetz formuliert. Das Prinzip der Rückkoppelung (positiver oder negativer Nacheffekt) wird im Effektgesetz beschrieben.
[# *Statt "Nacheffekt" wird auch der Ausdruck "Verstärker" oder "Belohnung" verwendet.*
Bei diesem - oben R-S-Verknüpfung genannten - Lernvorgang wird also nach Erfolgskontrolle der Reaktion eine Verknüpfung erstellt.
Das Lernen betrifft hier sowohl den sensorischen Bereich, als auch den motorischen Bereich.]

Beim „programmierten Unterricht" mit oder ohne Lehrmaschinen (bei Tieren in der sogenannten Skinner-Box) entspricht das z.B. den vorgegebenen richtigen und falschen Auswahlantworten. Der Schüler soll sich dann also an eine richtige Antwort erinnern und eine falsche Antwort bewußt erkennen. Je nach Programm muß der Schüler keine Antworten selbst formulieren! Es wird Bezug auf den Behaviorismus genommen.
[# *Bei CORRELL, von CUBE, FRANK und (aus der SBZ) HINZE findet man hierzu weitere Angaben. (*)]*

8) Ergänzt wurde diese Theorie von LEWIN (1944), der Untersuchungen zum Anspruchsniveau ausführte. Er fand, daß i. A. (!) die Motivation und das Anspruchsniveau durch Lernerfolge verbessert, durch Mißerfolge verschlechtert werden. Es wirken sich also die Reizsituations-Vergleiche nicht nur auf den Gedächtnisspeicher aus. In unserem System wird dies durch die Rückwirkung der Verstärkung auch auf die Einschaltstärke der Analysatoren beschrieben.

9) HULL (1952) faßte wesentliche Punkte der Theorie von THORNDIKE in Form einiger Postulate zusammen.
Es gab mathematische Formeln für verschiedene Verstärkungsfaktoren während des Lernvorganges und für die Intensität der Reaktionen an. Auch diese Theorie faßt das Lernen mehr mechanisch in Form von engen Bindungen zwischen Reizen und Reaktionen auf, ohne höhere Instanzen mit einzubeziehen.

10) Dies erfolgt bei der "Kognitiven Lerntheorie" von TOLMAN (1949). In ihr erscheinen Begriffe wie Absicht, Erwartung und Erkenntnis, die hier schematisch zu Bewußtsein zusammengefaßt wurden. Das Lernen besteht nach dieser Theorie in der Verifizierung aufgestellter Hypothesen. D. h., die Reaktionen erfolgen nur, um die vorhandene Reizsituation in eine erwartete zu verändern. Daher spricht man hier auch von einer S-S-Theorie (nicht zu verwechseln mit der S-S-Integration, bei der die Reize [*in etwa*] gleichzeitig vorhanden sind.)

[# *Also: das System bildet eine Vorstellung über eine gewünschte Reizsituation (S) und probiert solange Handlungen (R) aus, bis sich näherungsweise die gewünschte Reizsituation (S) einstellt.*]

Falls die Hypothesen-Aufstellung mit dem Einschalten der Analysatoren zu verbinden wäre, ließen sich mit dieser Theorie die Variationen der einzelnen Reaktionen besser verstehen, als mit den anderen Teiltheorien [*hier: (5) bis (9)*].

11) Die Bedeutung des Bewußtseins, die Fähigkeit der Generalisierung und die Existenz eines "Modells" der Umwelt, wurde von den Vertretern der Gestalt-psychologie ebenfalls berücksichtigt. Sie sprechen daher von "Lernen durch Einsicht".
Es wird auch versucht, die Theorien von PAWLOW (bzw. GUTHRIE) und von HULL in eine Zweifaktoren-Theorie zusammenzufassen (MOWRERS, 1950). Die zwei Faktoren beziehen sich auf die Bekräftigung. Auch hier spielt die Motivation eine besondere Rolle.
In vielen Versuchen der Gestaltpsychologen (z.b. KÖHLER, 1926; METZGER, 1954) wurde das aufgezeigt, was nun z.t. physiologisch auf Grund der Analysatoren bestätigt wurde.

Zwei ältere Kollegen mit Internat-Erfahrung erzählten unabhängig voneinander, daß die geistige Leistungsfähigkeit zu verschiedenen Tageszeiten unterschiedlich ist. Bereits um die Jahrhundertwende gab es dazu Beobachtungen und Experimente (BAADE, 1907). Mein Hausarzt zeigte mir eine Untersuchung zum Tagesgang der Rechenleistung bei Kindern - gut gegen 10^{00} und 17^{00}, schlecht gegen 14^{00} (RUTENFRANZ und HELLBRÜGGE, 1956).
Im Rahmen der verschiedenen Lerntheorien wird dieser Aspekt - soweit ich gelesen habe - nicht angesprochen.

E) Für die Schule wichtige Ergebnisse.
Nach dem bisher gesagten ist die wichtigste Voraussetzung zum Lernen zweifellos, daß die entsprechenden Analysatoren eingeschaltet sind, d.h. der Lernende zum betreffenden Stoff motiviert ist. Sind gerade andere Dinge von großer Bedeutung oder werden dem Stoff Antipathien entgegengebracht, so ist die falsche Analysatorengruppe eingeschaltet und das Lernen bereitet Schwierigkeiten.
Ragt der zu lernende Stoff in positiver Richtung aus dem allgemeinen Angebot heraus, so erfolgt die Motivation über das Bewußtsein. Wenn der Stoff eintönig wird, werden nicht nur Bewußtsein, sondern auch die benötigten Analysatoren abgeschaltet.
Ein Stoff soll daher nicht zu lange trainiert werden (etwa 20 Minuten-Einheiten sollen günstig sein). Aus dem gleichen Grund dürfen hintereinander nicht zu ähnliche Stoffgebiete gelernt werden (benachbarte Analysatoren hemmen sich).

[# *Auch Hausaufgaben, die den Stoff durch Wiederholung immer wieder in höhere Speicher schieben, sollten jeweils nicht über diese Zeitspanne gehen.*]

Unerledigte Probleme hemmen ebenfalls das Lernen; es ist also auch deswegen von Vorteil, jeweils kleine, überschaubare Abschnitte zu lernen. Da frisch abgeschaltete Analysatoren sich schlechter aktivieren lassen als solche, die schon länger abgeschaltet sind, soll man nicht zu kurz vor der Prüfung lernen. In dieser

Situation werden - wegen der neuen Umgebung - entsprechende Analysatoren eingeschaltet, die dann zusätzlich hemmen.
Die Analysatoren werden stärker wirksam, wenn sofort, also bereits während des Lernens und nicht erst später beim Abfragen, die Rückkopplung einsetzen kann. Sind sie stärker eingeschaltet, so steigt das Anspruchsniveau und die Fähigkeit zur Generalisierung. Beides erleichtert das Lernen.
Eine sofortige Bekräftigung erhöht die Stärke der Verknüpfung besser als eine später folgende. Da das Spektrum der Reizdaten erweitert werden soll, muß der Stoff etwas variieren. Belohnungen von außen sind eigentlich nur zu Lernbeginn nötig, da während des einsichtigen Lernens die neu gefundenen Verknüpfungen selbst für das System einen positiven Nacheffekt haben. Neben der "Freude", etwas verstanden zu haben, ergibt sich wohl auch durch das Einordnen eine Entlastung der Speicher, was eventuell auch positiv gewertet wird: "Aha-Effekt"
Strafen (negative Nacheffekte) zeigen dem System zwar an, daß die Reaktion falsch war, nach dem bisher gesagten aber nicht, in welcher Richtung die richtige Reaktion zu suchen ist. Allerdings bedingen sie sofort neue Reaktionen, was bei Belohnungen nicht so stark der Fall ist. Dafür bekräftigen diese die eingeschlagene Richtung.
In diesem Zusammenhang sind auch die sekundären Motivationen von Bedeutung. Sie stellen sozusagen neutrale oder auch unangenehme Zwischenziele zu einem erstrebenswerten Ziel dar. Dieses darf nicht in zu großer Ferne liegen, da sonst die sekundäre Motivation nicht als sekundäre, sondern als primäre angesehen wird.
Auch die sogenannten Lernmarotten lassen sich begründen: sie stellen konditionierte Reize dar und schalten die Analysatoren an.
Um das einsichtige Lernen in der Schule zu erleichtern, muß die Lernsituation überschaubar sein, d. h. sie muß dem bereits vorhandenen "Modell" entsprechen. Ist dies nicht der Fall, so erfolgt das Lernen auf Grund der S-S-Integration und der R-S-Verknüpfungen ohne Beteiligung des Bewußtseins.
Dadurch fallen die Erleichterungen und Bekräftigungen, die das Bewußtsein liefert, fort. Das einsichtige Lernen wird natürlich auch gefördert, wenn mit möglichst vielen Analysatoren gearbeitet wird, also viele Verknüpfungen zwischen Reizdaten und der gewünschten Reaktion hergestellt werden und zwar auf verschiedenen Wegen.

[# Zum "Lehrbuch im Schlaf unters Kopfkissen legen" reime ich mir folgendes zusammen: schlechter Schlaf soll wie ungelöste Probleme das Festigen des Gelernten behindern. Wenn man gelernt hat und an den Spruch glaubt, beruhigt dies vielleicht den Schlaf.]

F) Gesichtspunkte für die Stundenplanung.

Für den Aufbau einer Stunde wären also folgende Gesichtspunkte zu beachten:
Es müssen zu Stundenbeginn möglichst schnell die sogenannten Analysatoren aktiviert werden. Dies geschieht wahrscheinlich am schnellsten mit Hilfe des Bewußtseins. Ins Bewußtsein treten besonders von der Norm abweichende Ereignisse: diese erregen unsere "Aufmerksamkeit". Es soll also am Anfang der Stunde ein besonderes Ereignis stehen, denn die Schüler müssen sich jeden Tag in anderer Reihenfolge auf bestimmte Stoffgebiete einstellen.
Es sollen dann möglichst sofort Schüler zu einer aktiven Beteiligung gebracht werden, um eine positive Rückkopplung einsetzen zu lassen. Folgen auf die Eingangsmotivation erst längere Ausführungen seitens des Lehrers, so ist die Wirkung stark abgeschwächt, wenn die Schüler zum Zug kommen.

Antworten der Schüler sind gleich zu korrigieren, da dann der Nacheffekt am stärksten ist. Zu der Korrektur zieht man die anderen Schüler mit heran, da
1. die neue Entscheidung ebenfalls als Nacheffekt wirkt und
2. die Forderung zur Korrektur eine weitere Motivation zur Beschäftigung mit dem Problem darstellt. Die sofortige Korrektur wirkt nicht nur auf die zu lernende Verknüpfung, sie erhöht auch das Anspruchsniveau.

[# *Die Korrektur soll sich auf die gerade wesentlichen Punkte beschränken und nicht auf z.B. formale Begriffe oder einen einwandfreien Satzbau, wenn gerade etwas gedeutet oder eine Hypothese aufgestellt werden soll. Sonst lenkt man ab, schaltet also Analysatoren aus.*
Anschließend läßt man eine einwandfrei formulierte Zusammenfassung geben. Aber das ist vielleicht fächerabhängig.]

Es besteht weiter die Forderung, möglichst viele Analysatoren einzuschalten, d. h. das Problem unter verschiedenen Gesichtspunkten zu betrachten und Querverbindungen zu schaffen. Zusätzlich kann man aber nur dann Analysatoren einschalten, wenn nicht einige wenige sehr stark aktiviert sind. Eine Abschwächung erreicht man durch Ablenken auf ein anderes Gebiet, z. B. indem man die Schüler lachen läßt. Dies entspricht auch z. B. dem Verfremdungseffekt im Theater oder der Situation, wenn einem etwas "auf der Zunge liegt": Durch ein Ablenkungsmanöver sieht man wieder klarer.
Weiterhin soll man kurze Einheiten behandeln. Dadurch wird die Motivation häufiger erneuert, die Lernsituation bleibt für die Schüler leichter zu überschauen, das Lernziel ist in greifbarer Nähe und durch den Erfolg an einer ganzen Einheit das Anspruchsniveau erhöht, während unerledigte Probleme anderes Lernen stören.
Nach jedem Lernabschnitt ist zu wiederholen und nach mehreren Abschnitten wiederum, aber unter anderen Gesichtspunkten, um innerhalb und zwischen den Stoffgebieten Querverbindungen zu schaffen.
Eine wichtige sekundäre Motivation ergibt sich durch das Lernen in der Gruppe. Es wird unter Umständen aus Prestigegründen gelernt, um seine Stellung in der Klasse zu halten oder zu erwerben.
Auch identifiziert man Gruppenleistungen mit den eigenen, selbst wenn der eigene Beitrag gering war: einen positiven Nacheffekt erhält man doch. Bei der Wiederholung am Schluß der Stunde soll man auf den Ausgangspunkt hinweisen und zeigen, daß ein Lernfortschritt erzielt wurde und auch schwierig erscheinende Probleme häufig lösbar sind.

G) Literatur:

[*# Die drei mit* + *gekennzeichneten Bücher erscheinen mir besonders ergiebig.*]

Baade,W.: Experimentelle und kritische Beiträge zur Frage nach den
sekundären Wirkungen des Unterrichts insbesondere auf die Empfäng-
lichkeit des Schülers. Pädagogische Monographien, III. Bd., Leipzig, 1907
Correll, W. : Lernpsychologie. Donauwörth, 1963   +
Estes, W. K.: The statistical approach to learning theorie, 1956
   (zitiert nach FOPPA)
Foppa, K.: Lernen, Gedächtnis, Verhalten. Köln, 1965   +
Frank, H., Hrg: Kybernetik - Brücke zwischen den Wissenschaften.
   Frankfurt, 1962
Guthrie, E. R.: The psychology of learning. 1956 (zitiert nach FOPPA)
Hebb, D. O.: A Textbook of Psychology. Philadelphia, 1959
Hull, C. L.: A behaviour system, 1952 (zitiert nach FOPPA)
MacKay, D. M.: Moving Visual images. Nature, 180, S. 849 - 850, 1957
Keidel, W. D.: Kybernetische Leistungen des menschlichen Organismus.
   In Kybernetik. Frankfurt, S. 35 - 50, 1965
Köhler, W.: (zitiert nach FOPPA)
Kugemann, W. F.: Kopfarbeit mit Köpfchen. München, 1966   +
Lewin, K.: Feldtheorie in den Sozialwissenschaften. Bern, 1963
   (zitiert nach FOPPA)
Metzger, W. Psychologie. Darmstadt, 1954
Mowrers, O. H.: Lerningtheorie and personality dynamics. New York, 1950
   (zitiert nach FOPPA)
Riedel, H.: Empirische Untersuchungen zu einem Informations-
   Psychologischen Gedächtnismodell. In: Grundlagenstudien aus Kybernetik
   und Geisteswissenschaften. VIII, Heft 1, 1967
Roth, H.: Pädagogische Psychologie des Lehrens und Lernens. Berlin, 1957
Rutenfranz, J. und Th. Hellbrügge: Über Tagesschwankungen der Rechen-
   geschwindigkeit bei 11 jährigen Kindern –Zeitschrift für Kinderheilkunde.
   S. 144-157, 1956
Sutherland, N. S. Das Wesen der erlernten Unterscheidung beim Tier.
   Endeavour XXIII S. 148 - 152, 1964
Thorndike, K. L.: Fundamentals of learning, 1932. (zitiert nach FOPPA)
Tolman, E. C.: There is more then one Kind of learning.
   Psy. Rev. 56. S. 144 - 155, 1949 (zitiert nach FOPPA)

Nachtrag:
Das Buch von Hebb erschien in einer deutschen Ausgabe:
Hebb, D.O.: Einführung in die moderne Psychologie, Weinheim, 1967

. (*)
Zu D.3: Zum "eßbaren Gedächtnisstoff" nach **J. V. McConnell**:
   in Foppa, S. 241.
Zu D.4: Die Versuche mit den eingeblendeten Reklamebild "Drink Coke" oder
   "Eat popcorn" hat **J. Vicary**, etwa 1957 veröffentlicht. Dazu habe ich keine
   näheren Angaben gefunden.
Zu D.7: **Correll, W.** (Hrg.): Programmiertes Lernen und Lehrmaschinen,

Braunschweig,1965.
Darin der Hinweis auf die erste Lehrmaschine von **S.L. Pressey** (1924) mit bis zu 4 alternativen Antwort-Tasten für das „multiple-choise"-Verfahren.

von Cube, F.: Kybernetische Grundlagen des Lernens und Lehrens, Stuttgart, 1965.

Frank, H. (Hrg.): Kybernetische Maschinen, Frankfurt, 1964.

Hinze, K.: Erste Erfahrungen bei der Entwicklung moderner Lernhilfsmittel, in: Pädagogik (Zeitschrift für Theorie und Praxis der sozialistischen Erziehung (VEB), Berlin, 1963.

YOUR KNOWLEDGE HAS VALUE